L'EMBAUMEUR

Anne-Renée Caillé

L'EMBAUMEUR

K

HÉLIOTROPE

Héliotrope
4067, boulevard Saint-Laurent
Atelier 400
Montréal (Québec)
H2W 1Y7
www.editionsheliotrope.com
www.facebook.com/editionsheliotrope

Maquette de couverture et photo : Antoine Fortin
Merci à Alfred Dallaire Memoria qui a grandement facilité la prise
de photo pour la couverture.
Maquette intérieure et mise en page : Yolande Martel

*Catalogage avant publication de Bibliothèque et Archives nationales du Québec
et Bibliothèque et Archives Canada*

Caillé, Anne-Renée, 1983-

    L'embaumeur

    (K)

    ISBN 978-2-924666-12-8

1. Caillé, Anne-Renée, 1983- – Famille – Romans, nouvelles, etc. I. Titre.
II. Collection : K.

PS8605.A404E42 2017   C843'.6   C2016-942492-8
PS9605.A404E42 2017

Dépôt légal : 1er trimestre 2017
Bibliothèque et Archives nationales du Québec
© Héliotrope, 2017

Les Éditions Héliotrope reconnaissent l'appui financier | **Canadä**
du gouvernement du Canada.
Les Éditions Héliotrope remercient le Conseil des Arts du Canada pour son soutien.
Les Éditions Héliotrope remercient de son soutien financier la Société de
développement des entreprises culturelles du Québec (SODEC).
Les Éditions Héliotrope bénéficient du Programme de crédit d'impôt pour
l'édition de livres du gouvernement du Québec, géré par la SODEC.

IMPRIMÉ AU CANADA EN JANVIER 2017

Oui il y a les cas, le soldat les frères et sœurs le corps de pierres les noyés les suicidés les malades les assassinés les tués, on y vient, ils viendront tous.

- 1958 une petite ville.

Une personne meurt chaque mois, c'est la moyenne.

Chaque mois une personne est exposée au salon funéraire, à ce moment-là il y a peu ou pas d'incinérations, que des expositions, une question de croyances.

Il a alors sept ans, il aime se rendre au salon pour voir la scène du mort, la scène d'exposition, le mort il ne le connaît pas toujours, mais il aime y aller, le voir, et bientôt le toucher.

S'agenouille sur le prie-Dieu devant le cercueil ouvert, le regarde lui et autour, surtout autour pour s'assurer de n'être pas vu au moment où il le touchera, d'un doigt, le cadavre.

Le cadavre est touché.

Je me rappelle le nom du premier mort touché, il me dit son nom.

- Me parle du pouvoir d'attraction.

Quand je voyais passer un corbillard, je ne le perdais pas des yeux jusqu'à ce que, au tournant d'une rue, il disparaisse de ma vue.

- Une voiture pleine sept ou huit personnes.

La moyenne d'un mort par mois se modifie un jour. Une famille il me semble. Se fait happer par un train.

La moyenne d'un mort par mois à cet instant s'accroît, sept ou huit d'un coup car ils meurent tous, tous ensemble ils meurent.

Ce mois-là l'attrait s'accroît aussi, le déclic il me dit.

Cet accident, c'est le déclic.

- Provoqué par ceci : un enfant veut fréquenter les morts.

Mon père est cet enfant, je n'écrirai pas ici à répétition, sans arrêt, mon père me dit fait mon père va me dit a fait me dit, il sera l'enfant l'homme il sera il, il se mélangera aux morts par moments, à refaire le lien, il sera à refaire, naturellement ça se fera.

- Derrière la maison une cabane à lapins.

Vide. Un matin il décide qu'il a besoin d'espace.

Il le décide après le train, ce matin-là c'est après le train. La cabane est abandonnée depuis quelques années, ses frères et sœurs aînés ont quitté la maison, vide. L'élevage des bêtes est terminé.

M'explique que les femelles et leurs petits étaient isolés là pour les premiers mois, loin des mâles qui ont tendance à tuer leurs bébés pour pouvoir posséder la femelle. Les mâles sont gardés dans une grosse cage.

C'est un réaménagement des lieux.

Dans l'espace libéré il s'installe.

Petite table petits outils grenouilles ou autres bêtes mortes, un premier laboratoire, où lapins lapines lapereaux dormaient mangeaient sautillaient.

Plus tard, retour sur ce jeu d'enfant avec les bêtes mortes, me dit ça n'a pas duré longtemps. Tu sais j'ai toujours aimé les animaux, à la chasse avec mes frères j'étais toujours mal à l'aise. À partir d'un moment, à leur insu, j'ai arrêté de mettre des balles dans mes carabines.

Je voulais juste être dans le bois.

- 1966 son premier embaumement.

Deux dans les faits, un concours de circonstances, un voyage familial lors duquel il se retrouve dans le salon funéraire d'une grande ville. Son frère aîné y faisait la comptabilité.

Aussitôt il est dans le laboratoire. Il y est invité par le thanatologue, il a quinze ans et regarde, il regarde tout ce qu'il peut procédures incisions liquides qui entrent et sortent.

D'où il se tient il peut sentir, il peut voir, il aidera même à l'habillage du corps, là il me parle de fascination.

Au retour du voyage d'un seul pas c'est vers le salon funéraire qu'il se dirige. Ce n'est pas pour toucher un mort cette fois, celui du mois. Il va offrir son aide, n'importe quoi je devais y travailler.

J'étudiais, je faisais les foins, et là s'ajouteront conduire l'ambulance le corbillard aller chercher des morts dans des maisons les ramener aider aux procédures d'embaumement.

Je n'avais pas de permis de conduire.

- C'est l'origine.

C'est une origine peut-être que je mets en place, cela ne dit pas tout, je ne suis pas lui, ce n'est pas une enquête, je ne l'étudie pas, je regarde ce que l'on peut voir, j'écoute ce qui peut s'entendre, un enfant qui fréquente les morts et un adulte qui fréquente les morts, les choisissent, ce n'est pas de père en fils, ce n'est pas dans la famille comme c'est l'habitude.

J'aimerais savoir ce que cela détermine et cela détermine-t-il quelque chose ?

- Je lui demanderai s'il a compris après coup.
Pourquoi il avait choisi ce travail, il me dira que
cela reste mystérieux encore.

Sans transition il me parlera de cette voyante,
de ce vieil enregistrement de leur rencontre
qu'il possède, sur lequel elle lui dit qu'il n'avait
pas choisi ce travail par hasard, que c'était pour
expier les fautes commises antérieurement, dans
ses autres vies.

Les orgies de sang..., avait-elle dit. Elle ne faisait
que traduire les voix, trois, elles me connaissent
mieux que je peux me connaître.

Je perds un peu le fil à ce moment, mais je
laisse cela en plan, il faut aussi que ça reste en
plan.

- Ce que je nomme origine, c'est un enfant qui veut se coller à la fin, aux derniers moments, recoller quelque chose de l'homme la femme l'enfant, de celui qui n'est plus.

Alors que peut-il bien recoller ?

C'est certainement s'accrocher au faux-semblant. Mais pas pour mon père.

À quoi croit-on vraiment devant le fard, les vêtements, les plus beaux, la peau colorée, les bijoux choisis avec un soin ?

Il faut respecter, être fidèle à la photo que la famille laisse parfois. Je suis surprise d'apprendre que ce n'est pas systématique.

Mais il faudra parler de cette photo laissée par les proches, où le mort était vivant, est là encore qui témoigne avec ses couleurs et son souffle et ce doit être la meilleure photo.

Car ce sera la dernière fois, la sienne, sa dernière. Sa dernière présence, même s'il est difficile de parler de présence.

Discuter de ce respect dans la reproduction du vivant, de la couleur réelle sous les yeux, blanc gris vert bleu, je ne sais pas, que prend maintenant le mort, qui le prend le cerne, et de celle qu'il doit lui donner, pour cette fois-ci, la finale.

Quelles sont ces couleurs de la mort grandissante, je dois lui demander, il faudra reparler des couleurs, il me dira et ce qu'il fait de ces couleurs encerclantes qui butent contre celles d'une photo.

- À la fin vous recevez un sac de plastique.

Avec la bague la cravate le rouge à lèvres le foulard les boucles d'oreilles, vous avez laissé une liste de ce que vous ne voulez pas envoyer sous terre, au feu.

Et les photos qu'on installe à côté du cercueil ouvert. Le choc que cela produit.

Ce que vous ne voulez pas laisser aller en terre ou ce que vous voulez laisser sous terre.

Ce qui est important d'enterrer avec elle, avec lui.

Plus tard je repense à cette femme qui lui avait demandé de mettre le dîner habituel de son mari dans son cercueil avant la descente en terre : un sandwich au fromage et deux petites bières.

Je l'interrogerai encore pour la photo, c'est vraiment comme ça, oui si on veut, ça aide, il faut que ce soit le plus naturel possible, mais même sans image c'est une question de jugement, effacer la maladie, les traces de la mort, engraisser ceux qui ont maigri, parfois il y avait jusqu'à deux pouces de creux aux tempes. Le maquillage ce n'était qu'en superficie, à la fin. La couleur, je la mettais au début, tu dois doser la quantité de poudre colorante, elle est rouge vif, elle tache, elle vient dans un tout petit sachet, il me dit comme un sachet de Ketchup, tu prépares ta recette, tu injectes le liquide et le corps et le visage se colorent, de la teinte que tu lui as donnée, le corps réagit plus ou moins vite, ça dépend de la maladie, de l'état de santé, car ça suit le système sanguin. La couleur sort à la surface de la peau.

▪ La famille je la voyais après l'embaumement, elle le demandait souvent pour comprendre ce qui avait été fait, pour discuter du résultat.

Moi je me souviens d'une tante qui avait eu un cancer, elle était assez jeune, mais la maladie avait été longue. Elle était méconnaissable. Du haut de mes quinze ans, je trouvais le travail d'embaumement bâclé, l'exposition obscène. Et ma famille qui prenait des dizaines de photos souvenirs d'elle.

J'aurais demandé à voir l'embaumeur.

- Je sens que je prends, je déleste tu délestes je déleste encore.

Ce sont des transferts de poids, peut-être. Car le mot *lourd*, tu l'utiliseras plus tard.

- Il a une liste de cas dans les mains.

On en parle autour du déjeuner au *diner*, descriptions états faits. Pour la première fois on parle des cas autrement que par leur évocation.

Il leur a donné un nom, à chacun, un nom.

Entre ces morts on ne sait pas, je ne sais pas ce qui se dira encore, en fait il y a peut-être une piste, mais c'est la mienne. Le simulacre c'est peut-être le fil qui unit les morts, nos morts, qui attendent dévoilement retour récit. Mais ils n'attendent dans les faits rien de nous. Le simulacre ce n'est pas seulement le fard. Ce n'est pas seulement la mort qui se glisse insidieusement dans un corps. Ni la tromperie qui jette l'un dans le piège. Ni l'idole qui reste et se substitue à l'autre. C'est aussi tout ce qui ne se dira pas, qu'on gardera tu.

Y a-t-il un ordre dans les cas, qui structure ? C'est son ordre à lui, celui des morts qui se rencontrent.

Je me dis on ne mettra quand même pas les suicidés avec les suicidés.

Ils sont listés, il les passe en revue et choisit, ce ne sera pas une sélection chronologique, mais quelque chose comme une sélection naturelle, celle de la mémoire marquée peut-être, je le laisse faire, se diriger seul dans la liste.

- Et j'en suis encore à me demander comment je l'appelle, je dis lui j'entends mon père.

Qui découpe maquille ouvre coud regarde la photo essaie d'être fidèle aux vivants au mort au travail, je ne sais pas ce qui traverse l'esprit quand la chair a disparu quand un visage fracassé quand gonflé brûlé et qu'il faut être fidèle, faire fidèle, quand la moitié de la tête a explosé qu'il n'y a presque plus de crâne et qu'il faut être juste.

Il faut exposer ce qu'il était avant la fatalité la tragédie le destin l'appel. Vous nommez comme cela vous dit. Je mets ces mots à la suite et je n'en pense pas plus, je ne pense à rien. Peu importe les noms.

Ou ce qu'il était avant : avant le train le cancer le feu les coups de feu le sida la grenade l'asphyxie la vague la lassitude l'abandon.

Avant : d'étouffer de se faire prendre au piège de se figer.

- Il y a certaines précautions à prendre.

Bien sûr il faudra modifier des détails, vérifier les archives publiques, peut-être ira-t-on jusque-là et pas de nom de lieu de date.

Mais on se protège aussi. Ce n'est pas toujours propre tout ça, ces histoires, il y a ce qu'on appelle platement, au ras du sol, douleur violence trahison mensonge camouflage bestialité peur, ces mots ne sont rien sont un grand vide devant l'histoire.

- Saint-Jean-de-Dieu.

Un appel, il y a un corps dans une chambre qu'il faut aller chercher. Une femme dans un lit avec une expression, c'est la peur.

Elle est morte les mains près de son visage, des petites mains doigts et des bras qui ne se déplient pas, c'est la peur, ses mains sont prises là, les bras ne se déplient plus.

Il faut les casser.

Normalement, les bras avec les muscles les nerfs la peau les tissus, normalement les articulations se déplient, mais là ne se déplient pas, à vrai dire elle est morte avec des bras qui ne se dépliaient déjà peut-être plus. Elle est prise dans ce mouvement et son visage aussi, crispé.

Il faut les casser, elle doit être exposée.

Pour la famille cassez les bras, cassez les bras pour la famille cassez les bras pour l'adieu. C'était, si l'on veut, un ordre.

Les bras n'ont pas été cassés. Le cercueil a été fermé, il me l'a dit.

- Au village il y a un nouveau curé.

Visites paroissiales des maisons sur le rang, bénédiction annuelle des enfants, mais l'année suivante sauter une maison sur le rang, passer directement à la maison adjacente, un petit saut, sauter une maison pour les années à venir, celle de mon grand-père. Qui allait tous les dimanches à la messe, donnait son vingt-cinq sous. Il me donnait cinq sous, je le faisais sonner contre les autres pièces dans la corbeille. Mais je le gardais dans ma paume en vérité.

Mon grand-père n'avait par contre jamais voulu se mettre à genou devant le curé pour la bénédiction.

Alors quelques fois la bénédiction n'est plus méritée.

Un matin, dans une maison sur le rang, un homme est retrouvé mort, un voisin un père de sept enfants. Bénis.

C'est une mort avec une arme de chasse, un suicide, on l'a su il l'a su il m'a dit j'ai su que le corps de l'homme avait été enterré, tout le monde a su et c'était sûrement ce que l'on recherchait comme effet, que le corps avait été enterré, et dans le cimetière de la paroisse et dans le champ des vaches.

« Tu ne tueras point. » Exode 20,13.

Le cercueil fait deux mètres, ça se calcule bien. Un mètre dans le cimetière et l'autre, le reste, dans le champ d'à côté. Quelle partie du corps dans le cimetière, quelle partie dans le champ, on ne le dit pas.

- Un homme d'Église.
  Et sa tête, à refaire. Elle arrive aplatie défaite,
  me dit elle est à refaire vraiment en morceaux à
  reconstituer, un puzzle qui prendra huit heures.
  Et là j'entends casse-tête.

J'ai commencé par enlever le cerveau, driller
trouer brocher reconstituer l'intérieur de la boîte
crânienne avec du plâtre, les coutures doivent être
intérieures, invisibles, il faut amincir le plâtre en
sablant.

Est-ce qu'il faut inventer la tête sa forme l'imaginer ? L'indicatif premier pour avoir le bon angle
c'est le cuir chevelu, et à partir de là il faut inventer la tête.

Les autres corps qui arrivent ce jour-là devront
être confiés à d'autres mains, la tête doit être
prête pour le soir même, la tête réinventée est à
exposer pour le soir même, impérativement.
Il y a beaucoup d'impératifs toujours.

- Un soldat est rapatrié.

Le corps d'un soldat canadien mort au combat, l'histoire dit un accident l'hélicoptère a explosé, le corps est rapatrié comme il se doit dans un cercueil d'expédition, hermétique étanche plombé.

Après les funérailles militaires on demande à ce que le corps soit incinéré, mais on ne met pas de plomb au four crématoire, alors dans ces cas il faut transférer le corps dans un autre cercueil et ensuite le mettre à brûler.

Cela aurait été fait, cela l'aurait été, si le cercueil n'avait pas contenu que des guenilles et des pierres.

Je dis que je ne comprends pas, me dit le corps n'a pas été retrouvé ou on n'avait pas le temps de le chercher ou il n'était plus reconstituable.

Le choix des pierres parle.

Je retiens : faire croire au corps, au poids du corps. À retenir : un corps qui pèse le poids des pierres, s'agenouiller devant la pierre, renvoyer à la pierre, c'est cela, dans tous les cas c'est cela, un long moment je me désole pour les proches trompés, mais c'est exactement cela, se faire flouer devant la boîte fermée ou ouverte ou vide. Car que reste-t-il ?

- Il pense et ajoute.

Il est arrivé qu'il faille exposer un cercueil vide, le corps n'était pas arrivé à temps, les choses ne s'étaient pas déroulées comme prévu, dans ces cas-là il faut s'assurer de bien verrouiller la boîte.

Je pense à une fois, c'était un meurtre je crois, la morgue n'avait pas libéré le corps à temps pour l'heure du service, le cercueil était vide, mais la famille le savait.

Plus encore que devant l'embaumé, devant le couvercle clos on croit au corps de chair d'air ou de pierres.

- Je vois l'exposition du corps comme un acte répulsif.

Qui ne donne rien, ne fait que tout enlever, enlever davantage si cela est possible, car à partir de là ce qui reste n'est rien, une enveloppe de chair vidée.

Je préfère une boîte fermée.

Je pense aux chapelets que mes tantes me donnaient.

Je n'ai jamais compris les chapelets les statuettes les effigies de saint Jude que je devais garder dans mon porte-monnaie, pas parce que je ne crois pas, je ne crois pas, mais c'est presque la même chose que pour l'embaumé.

Celui que tu aimes n'est plus là.

Celui en qui tu mets tes prières n'est pas là.

Pourquoi s'incommoder comme ça avec ce qui interfère, ce qui est entre ?

Je l'ai encore dans mon porte-monnaie, la très petite reproduction de saint Jude. Deux centimètres sur deux centimètres. Jaunie.

Elle est dans une enveloppe de plastique cousue à la main.

- C'est délicat.

L'histoire est délicate elles le sont toutes, mais certaines gênent plus.

Des cadets suivent une formation sur la grenade, fonctions mode d'emploi dommages que cause l'explosion.

Visiblement une grenade à main, de celles qui en explosant déchiquettent détruisent l'autre l'éclatent le défigurent brûlent. Car c'est l'histoire d'un oubli.

Une grenade active laissée là dans une boîte. S'est armée au visage et au corps d'un cadet et de ceux qui l'entouraient, grenade à main, le cadet il était à l'os.

Des adolescents morts. Des dizaines de blessés.

Entre-temps je lis qu'elle avait été oubliée parmi les grenades de pratique, qu'un cadet l'avait dégoupillée pour rire. C'est celle qu'il avait choisie.

Je lis que ce type de formation se faisait normalement dehors, mais qu'il pleuvait cette journée-là. Je lis aussi quelque chose comme les lieux n'ont pas été endommagés ce sont les cadets qui ont encaissé le coup. Un après-midi qui rend tangibles les dommages de la grenade. Exposition imprévue.

Et l'histoire d'une longue nuit de travail et des gardes à la porte du laboratoire pour s'assurer qu'il est le seul à y pénétrer car quelque chose a été oublié, négligé.

Plusieurs survivants ont subi des traumatismes. On dit que certains se sont suicidés.

La somme allouée aux familles des garçons pour les services funéraires a été parcimonieusement calculée, pas un sou de plus.

- Le monde est petit.

Un homme s'assoit dans la salle à manger d'un hôtel, un tueur à gages. Un deuxième homme s'approche et lui dit de se déplacer au bar sans autre parole que vous êtes en pleine ligne de tir, il va y avoir un petit feu d'artifice, on va faire le ménage ici.

Quelques minutes plus tard, deux personnes sont assassinées.

Entre tueurs à gages, des liens tissés.

Un petit milieu. C'est le premier homme qui lui raconte l'histoire comme s'il racontait une tout autre histoire, n'importe laquelle, un truc banal. Ce détail retenu : avoir un appartement pour chaque jour de la semaine. Je me dis que c'est excessif, mais dans les faits, l'est-ce ?

Quand il lui a dit que cela devait nécessiter beaucoup de nerf pour être un tueur à gages, il lui a répondu non mais pour faire ce que tu fais toi, frayer avec les cadavres, ça en prend par contre.

- Une maison privée.

Il arrivait qu'il faille aller chercher le corps à domicile, à domicile dans les draps dans la famille qui l'entourent, et tout ce que cela implique pour elle de le laisser aller finalement.
Le corps il est là-dedans.

On lui dira l'homme est mort huit heures plus tôt, en fait la famille le dit au médecin, qui l'inscrit sur le certificat de décès, le corbillard part avec le corps, le travail doit se faire rapidement, la famille veut que l'exposition ait lieu le soir même.

La première coupe, la carotide. Et l'envoi du formaldéhyde qui va droit au cerveau, les doigts mains articulations du bras se mettent à bouger, il y avait encore de l'oxygène au cerveau, je lui dis excuse-moi mon ami en continuant d'acheminer le formaldéhyde.

Impossible qu'il soit mort il y a huit heures, cela devait faire au maximum une heure, le corps récupéré était encore trop chaud, de cette fièvre qui prend juste avant la fin. Cela aurait dû être un indice.

Bien sûr qu'il était mort. Une seconde il a hésité en voyant les mouvements des mains, mais il n'était pas tout à fait prêt pour la grande mascarade.

Alors apprendre à ne pas croire yeux fermés médecin certificat de décès famille, parce qu'il y a des impératifs des désirs à combler et la famille n'a pas de scrupules à mentir.

- Deux enfants jouent dans la ruelle.

Frère et sœur, ce n'est pas dit, jouent à la cachette, ce n'est pas dit non plus, mais on peut y venir sans mal et avec. Car on les cherchera et on ne les retrouvera pas.

À vrai dire cela prendra des heures pour les retrouver.

Dans un vieux réfrigérateur, morts par asphyxie.

Un vieux réfrigérateur, de ceux qui se referment ne se rouvrent que de l'extérieur, de ceux qui clenchent quand ils se referment.

Vingt-cinq ans plus tard cette image lors d'une balade à vélo : dans une ruelle il voit un de ces frigos complètement encerclé de ruban adhésif, plusieurs tours de ruban.

Et moi je pense à ruban-cache, celui qui préserve.

C'est pour ne pas penser à ce qui a pu se passer à l'intérieur du frigo ce jour-là, au début des rires petits visages et mains et plaintes cris et de l'effroi.

Un matin, je remarque pour la première fois cette inscription dans mon réfrigérateur, à l'intérieur sur le côté gauche, en rouge :

Votre nouvel appareil a une porte de sécurité qui peut être ouverte de l'intérieur. PROTÉGEZ VOS ENFANTS. Lorsque vous mettez au rebut ou entreposez votre vieil appareil (réfrigérateur, congélateur, sécheuse), enlevez la porte. Émis dans l'intérêt du public.

- Une femme met le feu à sa maison.

Elle voulait tout brûler elle ne voulait pas brûler elle voulait mourir elle voulait seulement ouvrir le feu. Que le reste fume.

Descend au sous-sol fusil à la main, ouvre la porte du congélateur, y pénètre, referme la porte et se tire dans la tête.

C'est une maison en cendres avec une suicidée dans un congélateur.

- Don d'organes.
Ça se passe à la morgue. Retrait, passation des organes aux banques. Je pense reins foie cœur.

Il me dit le corps pouvait arriver vidé. Un hôpital précisément, il le nomme, se servait plus que les autres, des genoux et des colonnes vertébrales remplacés par des bouts de bois.

J'entends : il n'y a pas de problème avec le don d'organes, il y a seulement un malaise à se retrouver devant un corps où on a tout ramassé, c'est ainsi qu'il me dit, ramasser.

Se souvient : un corps est posé sur la table prêt à être embaumé, il reçoit un appel lui signalant d'attendre, de ne rien toucher.

Ils viendront et repartiront avec les yeux.

Il s'arrête. Je demande ce que l'on fait après. Les trous laissés.

Dès lors ça ira vite.

Ça coule, arrêter les écoulements est important, pour la forme empêcher l'affaissement remplir l'orbite de ouate, elle supportera le *eye cap* ses petites griffes s'y agrippent, avec une seringue hypodermique on peut aussi injecter un liquide qui épaissit la peau, à la fin s'assurer de bien coller les paupières.

Et les «yeux» sont scellés.

- Un corps est rapatrié du Mexique.

On dit un bandit de la drogue. Il est encore imbibé de formaldéhyde et découpé de haut en bas du menton au pubis, une seule et grande incision. Une étrangeté m'explique-t-il, quand on est habitué à la découpe en Y de l'autopsie pratiquée ici.

On l'appelle, selon ses proches il aurait dû avoir sur lui cinq mille dollars. Il portait des jeans, aucune doublure, il passera le corps au peigne fin, rien. L'argent avait dû être ramassé là-bas. Il avait une seule grande incision.

Autopsia : voir de ses propres yeux.
Il n'y avait rien à voir.

- Un accident de voiture.

Un corps qui prend en feu, on lui demande de l'habiller avant la mise en cercueil, ce qu'il refuse, il n'y a plus de corps les os sont noircis et frêles on ne peut pas, il sera mis ainsi dans un cercueil fermé.

Dans le salon funéraire la famille forcera le cercueil, un cadavre calciné sera vêtu, un cercueil refermé.

■ Après l'exposition.

Un cercueil est déposé dans le corbillard, transporté jusqu'à l'église pour le service religieux avant sa mise en terre.

C'était un lundi matin tranquille. Ça arrivait que je fasse le transport s'il n'y avait pas d'embaumements prévus. On allait au restaurant pendant la cérémonie.

Je crois voir un filet de fumée s'échapper en déplaçant le cercueil. Mon collègue rit et me dit grosse fin de semaine. Alors je pense l'imaginer, un jeu de lumière, la fatigue.

De retour après la messe pour récupérer le cercueil, cette scène sur le parvis de l'église : boucane brouhaha lancers de chaudières d'eau sur un cercueil fumant, une vraie comédie. Et la veuve paniquée qui exige qu'on appelle les fossoyeurs au plus vite, l'enterrer étouffer les flammes. Son mari avait peur du feu.

Certains cercueils sont munis de néons qui éclairent le corps pendant l'exposition, une malchance lors du débranchement, un court-circuit.

- Une jeune femme étendue dans l'herbe.

Une séance de bronzage banale, puis maux de tête migraines à répétition hospitalisation mort, tête ouverte à l'autopsie et découverte d'un cerveau décomposé par des fourmis, des fourmis ayant habité sa tête, être morte de fourmis dans la tête.

Je demanderai combien de temps cela prend, la décomposition par habitation et surtout, cela se peut-il vraiment?

Son air reste impassible, alors je laisse ainsi sans en demander plus. Parfois je ne demande rien de plus. Même si je suis surprise.

Lui a dépassé la surprise depuis longtemps. Alors je pose peu de questions.

Ces vies sont loin de moi, je ne suis pas l'embaumeur et, même si je l'étais, je n'en saurais pas plus. Laisser un peu de paix et d'air.

- C'est une perruque sèche.

Une perruque aux cheveux noirs et blancs épais rudes, une perruque qu'une femme âgée s'est un jour fixée sur la tête avec de la colle Crazy Glue, fixée elle ne bougera plus jamais.

On a essayé de la retirer en tirant un peu, non, il faudra couper la peau. C'est alors qu'au centre de la tête sera dévoilé un cuir chevelu putréfié parcouru de vers blancs qui s'activent.

- Le métro.

Il y en avait tellement à la morgue, je ne sais même pas si on devrait en parler, c'est banal peut-être.

La plupart ne meurent pas. Ils restent handicapés à vie.

Deux causes de mort : par impact ou électrocution, plus rare. Se lancer du quai sur les rails. Mais on n'en parlait pas beaucoup. Ils étaient souvent défigurés. Ils n'avaient pas toujours le temps d'atteindre le sol.

On n'en parle toujours pas, on dit ne pas en parler pour ne pas donner l'idée l'envie, le petit quelque chose qui manque pour le faire. C'est ce qu'on dit.

- Un corps resté longtemps sous l'eau.

Gonfle, les tissus se saturent d'eau, le corps triple, il me mime la dimension des mains du noyé de dix douze ans dont le corps a fini par remonter à la surface après un temps passé dans une écluse.

Il récupère ce corps enflé à la morgue, on lui demande d'en donner des nouvelles, il ne comprend pas. Ce n'est qu'un noyé.

Lorsqu'il voit l'intérieur du corps il comprend. C'est un corps sans organes. Lisse, lisse, l'abdomen est vidé.

Une anguille entre par la bouche et ressort par l'orifice opposé et, entre les deux, elle mange.

Omnivore, l'*Anguilla rostrata* dite d'Amérique.

- Un autre noyé.

Un autre garçon, le corps commence sa descente d'un cours d'eau à un autre, à la fin il ne reste que les os du bassin un bout de la colonne, il m'indique la longueur ce n'est pas long, un demi-mètre.

Les os étaient doux. Doux et polis.

Dans ces cas-là on scelle tout dans un sac et on le met dans le cercueil. C'est tout.

Il se rappelle : les parents avaient laissé des vêtements, je me souviens j'avais déposé les petits vêtements du garçon dans le cercueil.

- Il utilise souvent ces expressions.
Routinières. En parlant de la morgue, de l'hôpital, on «libère les corps».

Comme s'ils étaient tenus captifs avant, surveillés. Quoique certains le soient.

Lorsque les corps sont embaumés et prêts pour les funérailles, on «sort les corps».

Une deuxième libération. Ils sont alors prêts à s'en aller.

- Un noyé encore.

Un enfant a patiné sur une glace trop mince, est resté sous l'eau du début de l'hiver jusqu'au printemps, une fonte des glaces, une remontée du corps.

La mère est dans le laboratoire, demande les patins. Il les a encore aux pieds, la demande embarrasse, puis il se dit qu'elle a une dizaine d'enfants après tout.

Il dénoue le premier patin et tire très doucement, mais le pied se détache.

Dans le patin un pied, la mère ne les veut plus, elle laisse aller.

- Début des années 1980.

Sur la table d'embaumement un vétérinaire qui a pratiqué quelques années en Afrique. Le certificat de décès indique gonorrhée syphilis sida.
Il me dit *all dressed*.

Il téléphone à ma mère pour lui dire qu'il va être en retard. Mais pour une rare fois il ne touche à rien et rentre à la maison.

Je n'en demande pas plus, ni si un collègue a pris le relais ni ce que les détails de l'histoire qu'il me raconte veulent signaler ou signifier. Je me dis une autre époque, ne pas savoir.

Ajoute : le sida ça venait de sortir, on m'avait dit c'est toi qui as le plus d'expérience. Mon expérience me disait de ne rien toucher.
Finalement je l'ai bien fardé et mis dans une boîte. Arrangez-vous avec ça.

C'était la veille de Noël.

- Je le questionne sur le sida.

Il cherche des chiffres. 1984 trois quatre cas. 1985 le triple peut-être. 1986 déjà on ne compte plus.

Je l'interroge sur le protocole, il n'y en avait pas, pas vraiment, une déclaration obligatoire sur le certificat de décès, c'est tout.

Puis il pense : on ajoutait neuf parts d'eau pour une d'eau de javel. On travaillait à deux, de main gantée à main gantée on se passait les instruments, il en parle maintenant avec une certaine légèreté.

- Six corps retrouvés dans le fleuve.

Dans des sacs de couchage remplis de blocs de ciment. Il en fera trois sur six, on ne voit plus leur visage la chair putride, les boîtes seront fermées, rien à faire d'autre que fermer les boîtes.

- Un célèbre criminel en fuite.

Après un dernier crime lourd, mise à feu d'un cabaret, une dizaine de morts, on fera tout pour le retrouver. Ajoute qu'il s'est caché un moment près d'un salon où il travaillait.

Une fois enfin, les forces de l'ordre s'unissent, on rapporte qu'on l'a tué par balle, on rapporte vingt-neuf balles. Vingt-neuf trouées.

Je n'ai pas fait ce corps. Mais je l'ai vu à la morgue, j'y allais pour autre chose mais j'ai trouvé sa case réfrigérée et l'ai ouverte. On ne pourrait plus faire ça aujourd'hui.
Tous les trous dans la peau étaient encerclés.

Mais il y en avait au moins trois fois plus. Trois fois plus de percées dans la peau pour l'abattre. Des forces unies oui.

- Le corps était égorgé.

Le répartiteur à la morgue lui avait parlé d'une petite coupure, l'homme n'avait pas regardé le corps. On savait tous qu'il avait peur des morts.

Un travesti retrouvé dans un hôtel une bouteille brisée et une gorge ouverte, une gorge qui tient avec peine une tête presque sectionnée.

Être trompé se tromper quand trancher démasque quand être démasqué tranche, j'ai dû le vêtir d'un col roulé.

Est-ce qu'il fallait recoudre brocher, je n'ai pas demandé sur le coup, est-ce qu'il fallait faire tenir je demanderai, non ce n'était pas des broches, mais des points invisibles intérieurs pour éviter les écoulements.

C'est très important.

- Entre les deux yeux il devait couper l'os.

Au milieu de l'arcade sourcilière, un centimètre par un centimètre, le reste du corps était à mettre au feu. C'était un impératif.

Cet os seul avait une valeur, gelé à l'azote gardé dans un pot stérile il allait un jour pouvoir servir à cloner l'homme, c'est arrivé deux fois qu'on lui demande cela, la deuxième fois il était très agacé par le « disciple » tenu d'observer l'opération.

L'autopsie n'avait pas été faite, il fallait découper le cuir chevelu avant de trouver l'endroit, scier le crâne avec une scie demi-lune qui pivote de gauche à droite. Plus je coupais, plus le disciple était blanc. Je connaissais ma scie. J'ai donné un petit coup de trop, trop près du cerveau et j'ai réussi à bien l'asperger, une belle trace rouge je me souviens, avec un peu de cervelle.

Me dit après-coup j'y ai réfléchi j'aurais dû refuser, appeler la police, c'était de la mutilation c'en était.

- Au *diner* juif.

Où l'on déjeune et discute de mort, il y a des antiquités. J'ai choisi cet endroit et par rituel je décide que toutes les rencontres y prendront place.

On comprend que c'est un ancien antiquaire, certains objets décorent l'espace conservent la mémoire du lieu, derrière moi il y a une vieille lampe, il la remarquera la deuxième fois seulement.

Une lampe sur pied métallique que l'on mettait à la sortie du salon funéraire, munie de dizaines d'anneaux superposés qui servaient à retenir les cartes de sympathie.

- Dans une urne.
Les cendres sont surtout composées d'os, le reste part en fumée.

Les fumées peuvent être toxiques, plomb mercure vernis corps imprégnés de médicaments substances chimiques des produits d'embaumement, du moins c'était ainsi.

Deux corps brûlés en même temps, cela est arrivé, malgré ce qu'on dit, leurs cendres mélangées et mises dans une seule urne.

Lors de la crémation certains os restent dans un cylindre le mouvement de trois ou quatre boules qui tournent les broie en une cendre fine. Comme dans une mine avec les minerais, me dit-il, des aimants recueillent vis plaques car tout ne fond pas, la chaleur n'est pas assez forte.

· L'urne contient environ 90 % du corps, le surplus est envoyé dans un grand baril avec d'autres 10 % restants, lorsque plein il est vidé.

Je lis que depuis dix ans on offre aux proches du défunt une méthode de transformation de ses cendres en diamant.

Les cendres d'un bébé incinéré sont inexistantes. Il ne reste rien.

- Deux employés vont chercher un suicidé du pont.

Le pillent des quelques milliers de dollars qu'il a sur lui et falsifient les papiers qui font l'inventaire de ses avoirs. Cela aurait été simple si la famille n'avait pas su qu'il avait cet argent, si la déposition des policiers ne l'avait pas aussi noté.

On vient les chercher au salon funéraire, ils sont menottés embarqués.

- Un ancien combattant.

Il était complètement broyé, se prenait pour un super héros, il voulait arrêter un train haute vitesse. Qui ne s'est pas arrêté.

Il dit : je l'aurais mis dans un petit sac en papier.

- Des chiens.

Certains salons funéraires recueillaient les déchets organiques des hôpitaux pour incinération, il y avait peu de propriétaires de fours crématoires à cette époque. Une nuit, il avait accompagné un collègue pour ne pas rester avec les vingt-cinq cadavres au laboratoire alors qu'aucun embaumement n'était encore prévu à l'horaire.

Se souvient du déchargement des déchets et du frigo sombre, d'un éclairage insuffisant, des sacs qu'ils se passent de main en main, de son collègue qui trébuche contre un corps. Un gros chien noir, un labrador.

Il n'ajoute pas ceci mais je le fais : un labrador noir identique à celui qu'il avait eu quelques années auparavant. Que nous avions eu. Qu'il aimait et avait dû donner. On nous avait dit, à ma sœur et à moi, qu'il était devenu trop protecteur.

Les chiens et les porcs sont des animaux privilégiés pour certaines expérimentations dans les hôpitaux universitaires. Des scandales ont eu lieu dans les années 1980. Des fourrières vendaient au rabais des chiens aux laboratoires.

On dit que certains avaient encore la médaille au cou.

- Des employés de salons funéraires nécrophiles. Cela il l'avait visiblement gardé pour la fin, repoussé, un malaise des récits, il me raconte deux histoires. Des hommes ont violé deux femmes mortes.

L'une dans une ruelle le soir, ils la ramenaient, elle était encore dans le corbillard elle venait tout juste de se pendre le corps n'était pas encore froid.

L'autre sortie du réfrigérateur de la morgue, l'homme pris sur le fait par le père qui venait la voir pour la dernière fois.

- Une pendaison avec un *tie wrap*.

Et un couteau dans la poche car il n'était pas certain de vouloir mourir.

C'est vouloir être à un inspire de la mort pour vraiment le savoir le vouloir, il fallait vérifier que c'était la chose à faire au cas où le désir de respirer reviendrait au seuil de.

N'avoir pas prévu que le souffle coupé le plan déraille, que les mouvements ne sont pas justes, qu'en coupant l'attache en plastique il se trancherait la carotide, ce n'était pas prévu, mourir au bout de son sang.

Il voulait respirer finalement.

- Un pompier échoue à un examen.

Qui l'aurait fait passer de lieutenant à capitaine, il rentre chez lui prend une carabine 22, tue sa femme et ses deux enfants puis il se tire avec une carabine 12.

Les détails des modèles de carabines, se souvenir de ça et pourquoi deux différentes, penser à changer d'arme. Le bruit le nombre de munitions disponibles peut-être.

Les corps arriveront ensemble, on lui demande avec lequel il veut commencer, il est le plus ancien alors on lui laisse le choix, aucun avec aucun, rentrer chez soi aller voir sa femme ses deux enfants. Un deuxième refus d'embaumement.

Il me dit ça ne s'oublie pas il me dit j'oublie le plus souvent je ne vais pas là.

Il ne me dit rien mais j'entends tout est encore là bien intact rien n'a bougé, c'est aussi ça.

- Je dois ajouter, il me raconte tout très vite, cela s'accélère chaque fois.

Maintenant les cas font quatre ou cinq phrases concises et il passe rapidement au suivant. Je ne le ralentis pas mais je n'ai le temps de noter que quelques-uns de ses mots, que je reprends d'ailleurs le plus souvent ici, ils abondent.

Il va vite sur la toute petite liste devant lui, écrite à la main, pliée dépliée repliée pliée repliée chaotique.

Des dizaines de cas titrés simplement : le pompier le prêtre... qu'il rature à mesure qu'il me raconte, des traits jaunes, quelques mots qui schématisent et un trait jaune de plus, ça va vite les entretiens sont courts quelques déjeuners quelques appels.

Je ne veux pas tout extirper lui extirper ce n'est pas ça, si tout est là par flashs alors flashs ce sont.

Il va encore plus vite à mi-chemin des rencontres, pour en finir peut-être, à l'image des corps qui s'empilaient de plus en plus souvent sur le comptoir du laboratoire à la fin.

Il fallait aller plus vite.

■ Conversation avec ma mère. Imprévue.

Je lui apprends ce que je fais avec mon père. Ne sont plus ensemble depuis longtemps, mais ils l'étaient lorsqu'il pratiquait. Sa surprise d'abord, elle se souvient ensuite. Elle qui normalement a la mémoire peu claire, je croyais, elle se met à raconter par fragments.

Jeune homme il allait aussi chercher les corps en ambulance pour le salon, en plus de les embaumer. À force de refaire des visages à la cire de chandelle il a développé des compétences tu sais, c'était artisanal, il fallait se débrouiller être créatif, ensuite avec les bons matériaux, il a atteint une excellence, être au sommet de son art avoir une réputation, alors se sont accumulés les corps les plus difficiles les cas les plus lourds.

Oui, lourds, cela a été dit, autrement, par lui.

Un après-midi je me souviens d'un appel confus, il devait embaumer une très jeune fille aux cheveux blonds, à la demande de la mère la

mettre au cercueil avec les nouveaux patins à rou-
lettes qu'elle aurait reçus pour son anniversaire,
il appellera ma mère est-ce que les filles sont là,
je ne comprenais pas ou pas bien ce qu'il disait.
Je comprends pourtant assez bien.

Elle se souvient aussi de détails précis comme
les corps aux tissus gazeux.

Ils étaient difficiles à reconnaître, ton père
pouvait les sentir, ils avaient une odeur indéfinis-
sable, il le savait, on l'appelait pour comprendre
ses trucs, mais il ne pouvait décrire l'odeur il
fallait être là pour sentir c'est tout.

Mon père m'expliquera, des gaz s'accumulent
dans le corps, ses tissus, muscles, cartilages, etc.
Le corps peut gonfler et, quand il y en a trop, ça
sort. L'odeur est épouvantable quand ça arrive. La
première fois que j'ai vu ça, c'était dans un corps
autopsié, il y avait des bulles, ça se met à bouillir,
les bulles se forment dans l'épiderme. Je l'avais
percé avec une aiguille. Avec le temps j'ai trouvé

une recette parfaite, très concentrée en formaldéhyde. Il faut bien doser. Injecter les tissus, éradi-
quer au plus vite les bactéries la décomposition.
Une seule fois je n'ai pas pu identifier la présence
de gaz, ils sont sortis après l'embaumement.

Ma mère termine en me parlant de cette reli-
gieuse qui avait de beaux chaussons en cuir noir,
ils étaient neufs beaucoup trop beaux pour aller
sous terre, certains ont de drôles de demandes,
elle rit, je voulais les garder pour moi, elle rit.

- Et moi.

J'ai deux souvenirs seulement. Je me souviens de mon père qui me conduit à l'anniversaire d'une amie, dans une sorte de limousine corbillard, j'ai cinq ou six ans et je fais le serpent sur le dos des sièges, quand j'arrive les enfants m'accueillent sur le balcon avec des expressions que je ne reconnais pas tout de suite. Que je ne reconnaîtrai que beaucoup plus tard.

Et je me souviens de cette photo de lui dans un de nos albums de famille, il est habillé d'un complet, couché dans un cercueil les mains ensemble les yeux fermés.

Il adore cette photo.

- Un homme surprend sa femme avec un autre homme.

Ne s'en remet pas se fait exploser la tête, la femme vient voir son mari au laboratoire une dernière fois et elle veut l'embrasser.

L'œil sorti de son orbite repose sur un bout de joue, il me dit il n'y a pas d'endroit où l'embrasser rien que l'on puisse encore définir comme visage ou partie, il reste un menton peut-être, c'est la seule chose qui restait.

C'est là sur le menton qu'elle embrassera son mari pour la dernière fois.

- Une petite fille blonde de sept ou huit ans.

Est-ce la même dont ma mère m'a parlé ? Une classe de neige, se place en premier sur le toboggan ses amis derrière elle, tu sais ceux en bois qui recourbent à l'avant. Elle y loge bien ses pieds, ils descendent, le toboggan prend une mauvaise direction s'en va tout droit contre un arbre, ses amis qui sautent qui ont le temps, mais ses pieds elle les avait tellement bien placés ses pieds y sont restés ses pieds coincés.

Il neige fort à l'extérieur du *diner* quand il me raconte.

- Une femme frappe un orignal.

Sur l'autoroute 40, elle avait des poils partout, l'orignal était sur elle, elle en était pleine, de lui de ses poils, me dit comme ça elle avait l'air d'un ours. Enlever petit poil après petit poil après petit poil.

- Un temps de récoltes.

Une journée pendant laquelle les récoltes vont bon train, pendant laquelle un homme disparaît sur sa propre ferme on ne comprend pas.

Les grains sont stockés dans un silo, envoyés par tonnes cette journée-là, ça va bien cette journée-là, puis le fermier est retrouvé dans son silo, un fermier étouffé sous les semences ses belles semences abondantes. Des grains il en avait partout nez bouche oreilles.

Je pense aux poils de l'orignal et je préfère cette mort, je pense au manque d'air et je pense aux enfants cachés dans le frigo et le temps qui passe jusqu'à ce qu'il n'y ait plus d'air.

▪ C'est ainsi, j'imagine, sans arrêt pour lui tous les jours, ceux qui arrivent les cas les morts tous les nouveaux et ceux qui se répètent.

C'est comme ça tous les jours, comparer juger hésiter, les enfants blonds qui se ressemblent, puis par la force des choses les catégories pendaison métro cancer balle dans la tête. Moi-même j'ai fini par mettre les noyés ensemble.

Il y a certainement des morts plus anonymes et sans relief, elles ne se retrouvent pas ici, ici c'est le relief, on parle surtout du relief.

Qui afflige peut-être peu à peu, quand ils sont tous là les uns sur les autres sur le comptoir du laboratoire, partout, et qu'il faut soulever leurs têtes pour atteindre le lavabo. Quand l'un fait apparaître l'autre. Ou bien quand ils font la file, dans ta tête.

Ça pèse le poids de tous les morts.

- Je note chaque cas en quelques phrases.

Dans un cahier noir à la va-vite, je ne veux pas en écrire trop je ne veux pas demander trop de détails, je suis le rythme.

Ensuite je reprends chaque cas et je trace un x dans la marge du petit cahier noir qui est trop petit. Quand c'est terminé quand je l'ai posé ici je fais le x et cela me rend chaque fois plus légère, pas parce que quelque chose comme de la mémoire se reconstruit, cela n'a pas tout à fait à voir avec moi, parce qu'un de moins peut-être, une question de poids et de ce qui s'érige néanmoins dans la soustraction.

J'ajoute et il soustrait j'ajoute et il soustrait, un de moins à écrire, pour moi c'est simple.

- Deux jeunes filles retrouvées près d'une forêt.
Je demande l'âge, quatorze ou quinze ans, tuées
violées des brûlures de cigarette partout sur le
corps, me dit lèvres seins fesses entre les jambes.
Je ne demande rien d'autre, c'est lui qui ajoute :
une brosse à cheveux dans la gorge.

■ Encore un corps dont il ne reste qu'un os.

Calciné de la tête aux pieds, si l'on veut. Une rigolade du temps des fêtes, une grande fête, un grand sapin, on feint d'y mettre le feu à plusieurs reprises, pour rire.

Ce n'est pas la première fois que cela commence par le rire.

Et tout part en flammes, que quelques secondes, la bâtisse est en bois les gens sortent comme ils peuvent, mais cela ira vite aussi vite que des dizaines de personnes qui n'auront pas le temps de sortir. La tragédie aurait fait une trentaine d'orphelins.

Je ne savais pas que c'était aussi vrai ce qu'on dit, des sapins et du feu, surtout lorsqu'ils sont très secs fin décembre, ce qui peut partir en flammes. Et celui qui a feint d'allumer le sapin était-ce lui, l'os ?

Non, lui il fait partie des survivants.

- Au dernier entretien.

À la fin il me dit qu'il n'a plus de cas, qu'on en est venus à bout, comme pour un obstacle une épreuve, mais il me dit je vais y repenser aller y faire un tour.

- Il me reviendra une dernière fois avec ses souvenirs, cette fois-ci avec des histoires drôles comme il le dit.

Effrayer sa sœur en accrochant une couronne mortuaire sur sa porte d'entrée le soir avant qu'elle rentre, pour l'accueillir.

Se cacher dans des cercueils pour terroriser le collègue qui a peur des morts.

S'habiller avec les vêtements d'exposition d'un évêque défunt et se placer immobile dans la pénombre, pour affoler l'employé qui travaille de nuit avec lui.

Tomber dans une fosse parce que l'épouse du défunt voulait garder la couronne du cercueil, se retrouver sous le cercueil.

Mais j'aurai déjà la tête ailleurs.

- À la fin de nos rencontres mon père m'apprend qu'on lui a détecté une tumeur de treize millimètres sur quinze millimètres près du globe oculaire gauche, ce qui explique pourquoi il voyait moins bien de ce côté-là, pourquoi il souffrait de surdité principalement de l'oreille gauche.

La tumeur est trouvée mais non identifiée, il faudra attendre six mois pour voir si elle progresse, si elle ne se modifie pas elle y restera et c'est tout. Il va continuer avec elle qui ne se modifie pas et tous les six mois il faudra revérifier son statisme.

Je ne lui demande pas si je peux l'écrire.

Personne ne parle de cancer pas même lui mais je pense, c'est plus fort, à son père qui est mort d'un cancer du cerveau. Il me disait que le voisin de la maison adjacente sur le rang était aussi mort d'un cancer du cerveau, c'est un cancer peu fréquent alors on se dit y a-t-il autre chose quelque chose là à comprendre, un ami me parlera des sous-sols des maisons et du radon.

C'est moi qui m'emporte mais je continue. Les cas de tumeurs cérébrales chez les anatomistes pathologistes et les embaumeurs sont plus nombreux, on pense que le formaldéhyde serait en cause, on parle de risques qui s'accroissent, une substance d'une grande toxicité, ce n'est pas lui qui m'en parle c'est moi qui m'emporte. Le formaldéhyde est un gaz incolore irritant et corrosif. Je constate que la toxicité est là partout, je la retrouve dans mes petites recherches et je la retrouve dans les histoires des cas, elle était là tous les jours, entendre ici à travers cela je pense à tous ces gens qui manipulent la toxicité tous les jours sans le savoir depuis des années. Je note dans un cahier ce que je dois éviter d'avaler de toucher posséder respirer polychlorure de vinyle phtalate de diéthylhexyle ou de diisononyle bisphénol A oxybenzone parabens des rideaux de douche nettoyants cosmétiques boîtes de conserve écrans solaires téflon vernis à ongles dentifrices.

- Après des années de thanatopraxie, l'abandon. Soudain. Il s'était séparé de ma mère peu avant.

Il travaillera comme peintre tireur de joints opérateur de machinerie lourde quelques années dans une mine loin dans le nord du Québec, du petit vers le grand le gros le lourd la ferraille les résidus les métaux à un kilomètre et demi sous terre.

Ce qu'on sort de la terre qu'on ramène vers le haut.

Est-ce une transition vers un monde plus fixe, même s'il ne l'est jamais vraiment, moins chargé plus désincarné ? Ce n'est peut-être pas aussi simple. Être encore près des sous-sols. Mais les corps morts désintégrés souillés trahis fauchés ne sont pas aussi profondément sous les sols. Il y a du cuivre et du zinc. Parfois un peu d'or.

Le dernier matin, il me parle de la monstruo-sité d'une machine, la plus grosse qui existe, me parle de la puissance des moteurs, la grosseur des roues. Chenille grue pelle épandeur excavatrice.

Je le questionne sur ce que je nomme l'abandon.

Le passage de la fascination au dégoût, j'entends à bout d'énergie monde à part négatif et surtout, je voulais partir le matin comme tout le monde tranquillement avec ma boîte à lunch.

- Alors que cela se clôt tire à sa fin.

Mon père est appelé pour l'emploi dont il rêve depuis des années, à quatre mille kilomètres. Cette fois dans une mine à ciel ouvert.

APPENDICE

- Mon père a abandonné ce travail rêvé et le temps a passé.

La tumeur de mon père n'a pas grossi.

Mais entre-temps pendant qu'on attendait de voir si celle-là grossissait, une tumeur dans le colon de ma mère est découverte, grosse comme un pamplemousse, dit-on.

Une opération d'urgence, les soins intensifs et sa maladie.

Une chimiothérapie puis le début du rétablissement, court. Une récidive, une autre chimiothérapie, les soins intensifs et palliatifs et passer du temps ensemble et la veiller et attendre à un moment donné sa mort. Et se dire au revoir.

La mort de ma mère à 59 ans, comme ça, alors que je m'en faisais plutôt pour mon père.

Elle lui aura demandé un matin, sorte de réconciliation, de s'occuper de ses arrangements funéraires, ce qu'il fit.

J'y reviendrai, il me faudra revenir, y faire un tour.

Achevé d'imprimer le 11 janvier 2017
sur les presses de Marquis